알록달록 첫 세계사 1

동굴에서
들판으로

인류의 첫걸음

박선희 · 이성호 글
원유미 그림

상상정원

처음
네가 작은 점처럼 보이던 날
벅차게 울리던 심장 소리를 기억해.
처음
긴 기다림 끝에 너를 만난 날
힘차게 들리던 울음소리를 기억해.

처음 나를 부르던 날
처음 혼자 세상을 향해 걸음을 내딛던 날
그 모든 날의 기억들
네가 기억하는 너의 처음은 언제일까?
기억하는 모든 순간과
기억하지 못하는 모든 시간이 모여
오늘의 너를 만들었구나.

나는 어디에서 왔을까?
저 눈부신 태양은 누가 만든 걸까?
무수히 반짝이는 밤하늘의 별들은
언제부터 저기에서 빛나고 있는 걸까?

누구나 알고 싶어 해.
처음 시작과 오늘의 나 사이에
무슨 일이 있었던 걸까?

하늘과 땅과 해와 달
나무와 새들과 물고기
살아 움직이는 것과 머물러 있는
이 모든 것은
어떻게 만들어졌을까?

마법사가 주문을 외우고 지팡이를 흔들면
짜잔 하고 장미꽃이 생겨나듯이
신의 의지와 신의 언어로
만들어진 것일까?

과학자들은 우리를 둘러싼 이 우주가
아주 오래전
대폭발로 만들어졌다고 생각해.

대폭발의 엄청난 힘과 에너지는
시간과 공간을 만들고
끝없이 팽창하는 우주를 만들고
부딪치고 끌어당겨 뭉쳐지며
별들을 만들었대.

드넓은 우주의 한쪽에
불꽃으로 타오르는 태양이 생기고
그 커다란 태양 주위를 도는 별들이 생겨났어.
우리가 사는 지구도 그 별들 중 하나야.

46억 년 전 막 태어난 지구는
처음에는 그저 뜨거운 불덩어리였단다.
가스로 가득 찬 대기에 쉴 새 없이 번개가 치고
폭풍이 불고 뜨거운 용암이 터져 나왔지.

시간이 흐르면서
지구는 점점 식어 갔고
땅은 단단해졌지.
열기가 걷힌 지구에는
푸른 바다가 생겼어.

바다는 생명을 품었고
생명은 또 다른 생명을 낳아
어느덧 지구는 나무로 뒤덮인
푸른 생명의 별이 되었어.

지구에는 많은 생명이 나타났다가
한꺼번에 사라지기도 했어.
지금과는 전혀 다른 풍경이 펼쳐지기도 했지.
커다란 소철 나무들 사이에서
하늘에는 익룡이 날고
땅에 공룡들이 오가는 모습을 상상해 봐.

1억 6000만 년이 넘는 긴 시간 동안
지구에 번성하던 공룡들은
갑자기 지구에서 완전히 사라졌어.
그 이유를 여러 가지로 추측하고 있지만
정답은 아직 모른대.
한 가지 말할 수 있는 것은
환경의 변화에 적응하지 못하는 생물은 사라진다는 거야.

과학자들은
땅과 돌에 새겨진 무늬를 읽어서
지구의 과거를 알아내고
돌들 사이에 남은 생명의 흔적을 쫓아
이제는 사라진 생물들을 찾아내지.
우리도 기록이 없는 과거를 더듬어
인간의 처음을 알아내 보자.

띄엄띄엄 남겨진 삶의 조각들을 찾아서
시간의 흐름 속에 사라진 부분은
상상력으로 채워 가며
옛사람들을 만나러 가는 거야.

비가 내리지 않는 날이 늘어나고
울창했던 숲이 조금씩 사라지던
어느 날,
지금껏 자신을 숨겨 주던 나무에서 조심스럽게 내려와
두 발에 힘을 주고 선 이가 있었어.
머리를 들고 한껏 멀리 보려고 애썼지.
그리고 낯선 세상을 향해 용감하게 나아갔어.

그들이 살아가는 건 쉽지 않았을 거야.
생각해 보렴.
먹이를 사냥할 날카로운 이빨도
스스로를 보호할 단단한 피부도
적에게서 도망칠 날쌘 다리도
어둠 속에서 볼 수 있는 눈도
아무것도 없었던 그 시절의 인간을 떠올려 봐.

배고픔을 해결하기 위해
나무나 풀에 달린 열매를 따서 먹고
줄기는 벗겨 먹고 뿌리는 캐 먹고
먹을 수 있는 건 다 먹는 거야.

날카로운 발톱으로 팍팍 찍으면 좋겠는데……
떨어진 나뭇가지나 돌멩이를 사용해 볼까?
깨진 돌날은 날카롭구나.
돌멩이를 깨뜨리거나 돌조각을 떼어 내 보자.
갖고 태어난 것이 없다면 만들면 돼.
우리에겐 두 손이 있잖아.

커다란 짐승을 잡으면 먹을 게 많아서 좋은데
자칫하면 큰 덩치에 밟혀 죽을지도 몰라.
그렇지만 힘을 모으면 성공할 때도 있잖아.
여럿이 몰아서 구덩이 아래로 떨어뜨리는 거지.
그러려면 손발을 잘 맞춰야 해.
내가 이쪽에서 갈 테니 너는 저쪽에서 움직여.

그래, 지금이야!
힘을 합쳐 살기 위해 언어를 발전시켜 나갔어.
인간이 살아남을 수 있었던 또 하나의 힘
혼자가 약하다면, 더불어 함께하는 거야.

밤이 되면 짐승들을 피해
커다란 동굴이나 큰 바위 그늘 아래에
불을 피우고 모여 앉아 쉬기도 했지.
불은 밝고, 따뜻하고,
때론 모든 것을 태워 버리기도 해.
인간은 불을 다루게 되면서
어떤 힘을 갖게 되었을까?

불이 있으니 좀 더 추운 곳에서도 살 수 있고
불을 무서워하는 짐승들을 쫓을 수 있고
무엇보다 불에 익혀서 먹는 짐승 고기는
맛도 좋고 영양도 좋아.
몸과 머리에 힘이 솟는 것 같지.

돌을 깨서 뗀석기를 만들고
나무 열매나 곡식을 따서 먹었어.
사냥한 짐승의 고기는 불에 익혀 먹고
가죽은 벗겨 몸에 걸쳐 입었지.
다친 사람에겐 어깨를 빌려주고
눈이 먼 사람은 손도 잡아 주고
서로 먹을 것을 나누면서
여럿이 함께 무리 지어 살았어.

동굴이나 바위 그늘에 살기도 하고
잡은 동물의 뼈로 얼기설기 집을 만들기도 했지.
주변에 먹거리가 떨어지면
다른 곳을 찾아 이동하며 살았단다.
이 시기를 **구석기 시대**라고 불러.
아주 느리게 조금씩, 그러나 끊임없이
인류가 앞으로 나아가던 시대였어.

삶은 힘들었지만
걱정만 하며 살지는 않았을 거야.
짐승의 이빨로 목걸이를 만들거나
조가비를 모아 팔찌를 만들기도 하고
동물의 뼈나 예쁜 돌에 무늬를 새기기도 했지.

동굴 벽과 천장에 그림을 그려
사냥의 성공을 기원하는
간절한 마음을 담기도 하고
손바닥을 찍어 존재를 남기고
풍요의 여신을 상상하며 돌에 생명을 불어넣기도 했지.

삶이 죽음으로 바뀌면
사랑하는 이의 죽은 몸을 땅에 묻고
꽃을 뿌리며 눈물을 흘리기도 했겠지.

아프리카에서 시작한 인류는
어느새 지구 전체에 퍼져 살게 되었단다.

추웠던 날씨가 따뜻해지고
땅을 뒤덮었던 얼음은 저만큼 물러났는데
거대한 몸집의 동물들은
날씨의 변화에 적응하지 못하고 사라져 갔어.
가까이 다가온 강과 호수, 바다에는
쉽게 잡을 수 있는 조개와 물고기가 많았어.

작고 날쌘 동물은 사냥하기 어려워서
좀 더 날카롭고 정교한 도구가 필요했어.
원하는 곳에 날을 세우기 위해
숫돌에 갈아서 간석기를 만들었지.
신석기 시대가 시작된 거야.

강가에는 저절로 자라는 풀이 많아.
그중에 먹을 수 있는 곡식을 찾아
낟알을 따서 돌판에 갈아 겉껍질을 벗기고
가루를 내어 반죽을 해 구워 먹자.
곡식을 담아 둘 그릇이 필요한데
흙으로 만들어 구워 보자.

너도 알고 있니?
낟알을 먹지 않고 땅에 심으면
싹이 나고 자라서 다시 많은 곡식 알갱이가 맺혀.
잘만 하면 곡식을 계속 먹을 수 있단다.
과일이 열리는 나무도 기를 수 있고
땅속에 주렁주렁 달리는 감자도 키울 수 있다니
먹거리를 찾아 이리저리 돌아다니지 않아도 되겠는걸.
아! 잡아 온 동물들도 울타리 안에 넣어서 길들이자.
잡으러 다니지 않아도 고기와 알을 먹을 수 있겠어.

흙에는 풀과 나무가 자라지.

농사를 지으려면 풀을 뽑고 나무뿌리를 없애서

흙을 부드럽게 만든 후에 씨앗을 뿌려야 해.

농사지을 땅을 만드는 건 힘든 일이었단다.

쓰임새에 맞는 여러 가지 간석기를 만들어 사용했어.

곡식은 천천히 자라기 때문에

열매를 맺을 때까지 먹을 것이 필요해.

그러니까 곡식을 걷었다고 한꺼번에 다 먹어 버리면 안 돼.

잘 쌓아 두고 조금씩 조금씩 먹어야 해.

누가 가져가면 어쩌지?
짐승들이 밭을 다 파헤쳐 버리면 어쩌나?
밭 옆에 집을 짓고 곡식 창고를 만들자.
담장을 두르고 망루도 세우자.
함께 모여 사는 마을을 만들자.

밀과 보리를 기르는 곳, 조와 수수가 자라는 곳,
옥수수를 심는 곳도 있었어.
기온과 내리는 비의 양, 흙의 성질에 따라
잘 자라는 곡식이 달랐거든.
농사를 짓기 시작했지만
그것만으로는 식량이 부족해서
여전히 사냥도 하고 열매를 따 먹기도 했어.

모든 곳에서 농사를 짓고 살았던 것은 아니야.
비가 잘 내리지 않아서 짧은 풀만 자라는 곳도 많았거든.
그런 곳에서는 주로 양과 말을 키웠는데
가축이 뜯어 먹을 풀이 없어지면 다른 곳으로 옮겨 가곤 했어.
당연히 옮겨 가기 쉬운 천막 형태의 집을 만들었지.

살아가는 모습은 조금씩 달랐지만
농사를 짓고 가축을 기르면서
이제 인간은 스스로 식량을 생산하기 시작했어.
집도 짓고 인구도 크게 늘어났지.
이렇게 삶의 방식에 커다란 변화가 생긴 것을
신석기 혁명이라고 해.

그러나 아직 인간은
자연의 이치를 이해하기 어려웠고
자연의 변화를 따라가기도 힘들었어.

홍수, 폭풍, 산불, 지진, 화산 폭발······.
한순간에 인간의 삶을 모조리 파괴할 수 있는
자연의 거대한 힘 앞에 인간은 너무나 작은 존재였지.

사람들은 해와 달과 강, 커다란 나무를 신으로 섬기기도 하고
힘센 동물들을 부족을 지켜 주는 수호신으로 삼기도 했어.

인간은 약해서 자연의 힘에 의지하지만
자연이 주는 그대로 받기보다는
원하는 것을 구하기 위해 노력하고
현재에 만족해 머무르기보다는
더 나은 내일을 위해 나아가는 존재야.

오늘의 우리를 만들기까지 인류가 걸어온 길을
너에게 보여 줄게.
과거의 역사 속으로 시간 여행을 떠나자.

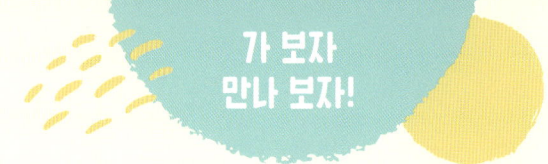

가 보자
만나 보자!

처음 인류의 흔적을 찾아서

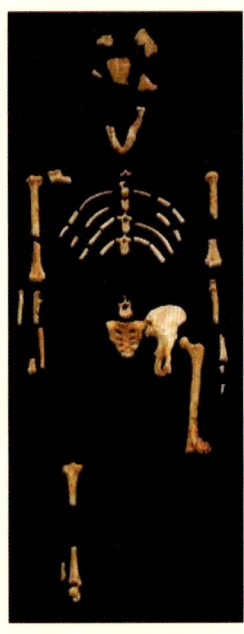

인류의 고향, 아프리카

인류가 맨 처음 나타난 곳은 아프리카야. 지금까지 찾아낸 인류의 뼈 중에서 가장 오래된 것들이 아프리카에서 나왔거든. 에티오피아에서는 약 390만 년 전에 살았던 인류의 뼈가 발견되었는데, '오스트랄로피테쿠스 아파렌시스'의 화석이야. '루시'라고 부르기도 해. 탄자니아의 라에톨리 지역에서는 이들의 발자국이 발견되기도 했어. 가까운 곳에서 화산이 폭발하는 바람에 지워지지 않고 고스란히 남아 있게 된 거야. 이런 뼈와 발자국을 통해 오스트랄로피테쿠스 아파렌시스가 곧게 서서 걸었다는 것을 알 수 있어.

오스트랄로피테쿠스 아파렌시스 화석

라에톨리 발자국

프랑스 라스코 동굴

구석기 시대 사람들은 자기가 살던 동굴 벽에 그림을 그리기도 했어. 동굴 벽화는 세계 여러 곳에서 발견되었는데, 그중 라스코 동굴 벽화가 유명해. 이 마을에 사는 어린이들이 동굴 안에 들어갔다가 그림을 찾아냈다고 해. 들소와 말, 사슴 같은 동물들이 많이 그려져 있어. 아마도 그림을 그리면서 사냥에 성공하기를 빌었던 것 같아.

라스코 동굴 벽화

알제리 타실리나제르 벽화

타실리나제르 고원은 사하라 사막 한가운데 있어. 강은 메말라 바닥이 보이고 풀도 찾아보기 힘든 곳이야. 이곳에서 신석기 시대 사람들이 그린 바위 그림이 5000점이나 발견되었어. 그중에는 소에게 먹이를 주면서 가축으로 기르는 그림과 씨를 뿌리는 그림도 있어. 먼 옛날 사하라는 푸른 생명의 땅이었던 거야.

타실리나제르 암벽화

차탈회위크 유적 상상 복원도

터키 차탈회위크

신석기 시대 사람들은 어떤 집에서 살았을까? 터키 차탈회위크에서 1만 년 전에 사람들이 살던 마을이 발견되었어. 진흙으로 집을 지었는데 집들이 모두 붙어 있었대. 지붕을 넘어가면 옆집에 갈 수 있었겠지. 집 안으로 들어가는 문은 지붕에 나 있어서 사다리를 타고 내려가야 했어. 차탈회위크에는 7000명이 넘는 사람들이 살았는데, 집의 크기가 다 비슷했어. 더 잘 사는 사람이나 못 사는 사람은 없었던 것 같아.

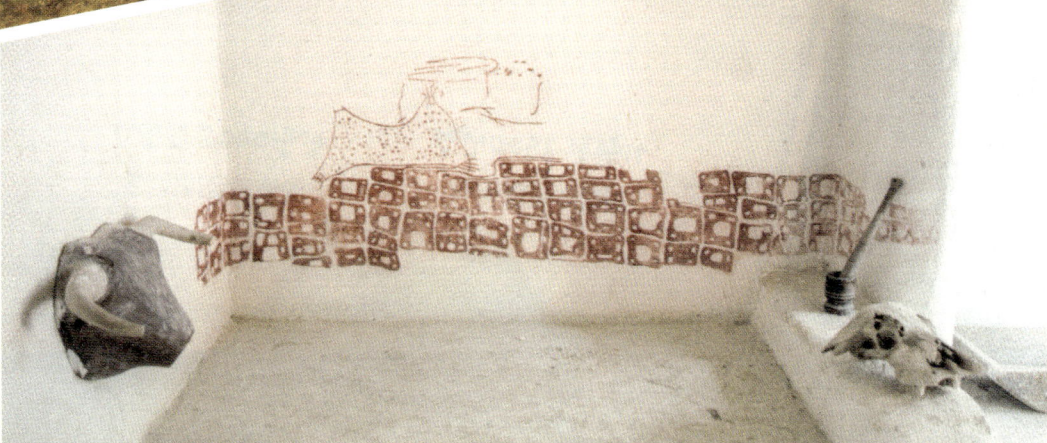

차탈회위크 마을 지도 벽화를 복원해 놓은 방

부모님 가이드

선사 시대, 인류의 생활을 상상해요

세상의 시작에 호기심을 가져 봐요

1권은 세상의 시작에서부터 처음 인류의 생활에 대한 이야기로 구석기 시대와 신석기 시대를 다루고 있습니다. 인류가 걸어온 시간을 탐험하는 긴 여행의 출발 지점입니다. 우리 아이들이 자신을 둘러싼 세상에 대해 호기심을 갖고, 눈에 보이는 것은 물론이고 보이지 않는 것까지 질문할 수 있는 힘을 키웠으면 합니다.

구석기 시대와 신석기 시대를 상상해요

내가 만약 구석기 시대나 신석기 시대에 살고 있다면 어떤 하루를 보낼까? 불은 어떻게 피울까? 무엇을 먹으면 좋을까? 옷은 어떻게 만들지? 잠은 어디서 잘까? 자신에게 너무나 당연하게 주어졌던 의식주를 스스로 해결해야 한다면 어떻게 해야 할지 상상해 보게 해 주세요.

선사 시대 사람들의 지혜로움을 배워요

선사 시대 인류의 생활이 언뜻 뒤떨어져 보일 수도 있지만, 환경에 적응하면서 맨손으로 삶을 이어 온 그들의 지혜로움을 느꼈으면 합니다. 나아가 인류가 세상의 거인이 될 수 있었던 원동력에 대해 아이들과 이야기를 나누어 보세요. 물론 정답은 없습니다. 알려진 것보다 알려지지 않은 것이 훨씬 많은 시대입니다. 지식을 채우기보다는 마음껏 상상할 수 있도록 안내해 주시기 바랍니다.

알록달록 첫 세계사 1

동굴에서
들판으로
인류의 첫걸음
워크북

상상정원

1 세상의 시작

과학자들은 우리를 둘러싼 이 우주가 아주 오래전 대폭발로 만들어졌다고 생각해. 대폭발의 엄청난 힘과 에너지는 시간과 공간을 만들고 끝없이 팽창하는 우주를 만들고 부딪치고 끌어당겨 뭉쳐지며 별들을 만들었대. 드넓은 우주의 한쪽에 불꽃으로 타오르는 태양이 생기고 그 커다란 태양 주위를 도는 별들이 생겨났어. 우리가 사는 지구도 그 별들 중 하나야.

46억 년 전 막 태어난 지구는 처음에는 그저 뜨거운 불덩어리였단다. 가스로 가득 찬 대기에 쉴 새 없이 번개가 치고 폭풍이 불고 뜨거운 용암이 터져 나왔지. 시간이 흐르면서 지구는 점점 식어 갔고 땅은 단단해졌지. 열기가 걷힌 지구에는 푸른 바다가 생겼어. 바다는 생명을 품었고 생명은 또 다른 생명을 낳아 어느덧 지구는 나무로 뒤덮인 푸른 생명의 별이 되었어.

비가 내리지 않는 날이 늘어나고 울창했던 숲이 조금씩 사라지던 어느 날, 지금껏 자신을 숨겨 주던 나무에서 조심스럽게 내려와 두 발에 힘을 주고 선 이가 있었어. 머리를 들고 한껏 멀리 보려고 애썼지. 그리고 낯선 세상을 향해 용감하게 나아갔어.

그들이 살아가는 건 쉽지 않았을 거야. 생각해 보렴. 먹이를 사냥할 날카로운 이빨도, 스스로를 보호할 단단한 피부도, 적에게서 도망칠 날쌘 다리도, 어둠 속에서 볼 수 있는 눈도 아무것도 없었던 그 시절의 인간을 떠올려 봐.

배고픔을 해결하기 위해 나무나 풀에 달린 열매를 따서 먹고 줄기는 벗겨 먹고 뿌리는 캐 먹고 먹을 수 있는 건 다 먹는 거야. 날카로운 발톱으로 팍팍 찍으면 좋겠는데……. 떨어진 나뭇가지나 돌멩이를 사용해 볼까? 깨진 돌날은 날카롭구나. 돌멩이를 깨뜨리거나 돌조각을 떼어 내 보자. 갖고 태어난 것이 없다면 만들면 돼. 우리에겐 두 손이 있잖아.

읽은 내용 확인하기

1 글을 읽으면서 알맞은 말에 ○ 하세요.

> 과학자들은 우리를 둘러싼 이 우주가 아주 오래전 (대폭발 / 팽창)로 만들어졌다고 생각해. (대폭발 / 팽창)의 엄청난 힘과 에너지는 시간과 공간을 만들고 끝없이 (대폭발 / 팽창)하는 우주를 만들고 부딪치고 끌어당겨 뭉쳐지며 별들을 만들었대.

2 글을 읽으면서 빈 칸에 알맞은 말을 쓰세요.

> 드넓은 우주의 한쪽에 불꽃으로 타오르는 (　　　　　)이 생기고 그 커다란 (　　　　　) 주위를 도는 별들이 생겨났어. 우리가 사는 (　　　　　)도 그 별들 중 하나야.

3 46억 년 전에 태어난 지구가 변하는 과정을 보기에서 찾아 순서대로 쓰세요.

> **보기**　푸른 바다, 불덩어리, 단단해진 땅, 나무로 뒤덮인 숲

---

4 두 발에 힘을 주고 선 사람에 대한 설명으로 맞으면 ○, 틀리면 × 하세요.

① 먹이를 사냥할 날카로운 이빨이 있었다. 　　　　　　　　　　(　　)
② 스스로 보호할 단단한 피부와 날쌘 다리가 없었다. 　　　　　(　　)
③ 열매를 따서 먹고 뿌리를 캐 먹었다. 　　　　　　　　　　　(　　)
④ 먹을 것을 날카로운 발톱으로 팍팍 찍어서 먹었다. 　　　　　(　　)
⑤ 두 손으로 돌멩이를 깨뜨리거나 돌조각을 떼어 냈다. 　　　　(　　)

2 구석기 시대 사람들

커다란 짐승을 잡으면 먹을 게 많아서 좋은데 자칫하면 큰 덩치에 밟혀 죽을지도 몰라. 그렇지만 힘을 모으면 성공할 때도 있잖아. 여럿이 몰아서 구덩이 아래로 떨어뜨리는 거지. 그러려면 손발을 잘 맞춰야 해. 내가 이쪽에서 갈 테니 너는 저쪽에서 움직여. 그래, 지금이야! 힘을 합쳐 살기 위해 언어를 발전시켜 나갔어. 인간이 살아남을 수 있었던 또 하나의 힘, 혼자가 약하다면, 더불어 함께하는 거야.

밤이 되면 짐승들을 피해 커다란 동굴이나 큰 바위 그늘 아래에 불을 피우고 모여 앉아 쉬기도 했지. 불은 밝고, 따뜻하고, 때론 모든 것을 태워 버리기도 해. 인간은 불을 다루게 되면서 어떤 힘을 갖게 되었을까? 불이 있으니 좀 더 추운 곳에서도 살 수 있고 불을 무서워하는 짐승들을 쫓을 수 있고 무엇보다 불에 익혀서 먹는 짐승 고기는 맛도 좋고 영양도 좋아. 몸과 머리에 힘이 솟는 것 같지.

돌을 깨서 뗀석기를 만들고 나무 열매나 곡식을 따서 먹었어. 사냥한 짐승의 고기는 불에 익혀 먹고 가죽은 벗겨 몸에 걸쳐 입었지. 다친 사람에겐 어깨를 빌려주고 눈이 먼 사람은 손도 잡아 주고 서로 먹을 것을 나누면서 여럿이 함께 무리 지어 살았어. 동굴이나 바위 그늘에 살기도 하고 잡은 동물의 뼈로 얼기설기 집을 만들기도 했지. 주변에 먹거리가 떨어지면 다른 곳을 찾아 이동하며 살았단다. 이 시기를 '구석기 시대'라고 불러.

삶은 힘들었지만 걱정만 하며 살지는 않았을 거야. 짐승의 이빨로 목걸이를 만들거나 조가비를 모아 팔찌를 만들기도 하고 동물의 뼈나 예쁜 돌에 무늬를 새기기도 했지. 동굴 벽과 천장에 그림을 그려 사냥의 성공을 기원하는 간절한 마음을 담기도 하고 손바닥을 찍어 존재를 남기고 풍요의 여신을 상상하며 돌에 생명을 불어넣기도 했지. 삶이 죽음으로 바뀌면 사랑하는 이의 죽은 몸을 땅에 묻고 꽃을 뿌리며 눈물을 흘리기도 했겠지.

읽은 내용 확인하기

1 글을 읽으면서 빈 칸에 알맞은 말을 쓰세요.

> 돌을 깨서 (　　　　　)를 만들고 나무 열매나 곡식을 따서 먹었어. 사냥한 짐승의 고기는 불에 익혀 먹고 가죽은 벗겨 몸에 걸쳐 입었지. 다친 사람에겐 어깨를 빌려주고 눈이 먼 사람은 손도 잡아 주고 서로 먹을 것을 나누면서 여럿이 함께 무리 지어 살았어. 동굴이나 바위 그늘에 살기도 하고 잡은 동물의 뼈로 얼기설기 집을 만들기도 했지. 주변에 먹거리가 떨어지면 다른 곳을 찾아 이동하며 살았단다. 이 시기를 (　　　　　)라고 불러.

2 인간이 힘을 합쳐 더불어 살기 위해 발전시킨 것은 무엇인지 쓰세요.

_____

3 구석기 시대에 대한 설명이 맞으면 ○, 틀리면 × 하세요.

① 돌을 갈아서 뗀석기를 만들고 사냥한 짐승의 고기를 불에 익혀 먹었다. (　　)
② 동굴이나 바위 그늘에 살기도 하고 잡은 동물의 뼈로 집을 만들고 살았다. (　　)
③ 주변에 먹거리가 떨어지면 다른 곳을 찾아 이동하며 살았다. (　　)
④ 다친 사람을 돕고 먹거리를 나누면서 무리 지어 살았다. (　　)

4 구석기 시대 사람들이 만든 것들을 바르게 줄로 이어 보세요.

짐승의 이빨 •　　　　　• 팔찌

조가비 •　　　　　• 목걸이

퍼즐 조각 찾기

다음 그림의 비어 있는 부분에 들어갈 조각을 찾아 보세요.

①

②

③

일기 쓰기

 내가 두 발에 힘을 주고 선 사람이 되어 하루 일기를 써 보세요.

월   일   요일

3 신석기 시대 사람들

추웠던 날씨가 따뜻해지고 땅을 뒤덮었던 얼음은 저만큼 물러났는데 거대한 몸집의 동물들은 날씨의 변화에 적응하지 못하고 사라져 갔어. 가까이 다가온 강과 호수, 바다에는 쉽게 잡을 수 있는 조개와 물고기가 많았어. 작고 날쌘 동물은 사냥하기 어려워서 좀 더 날카롭고 정교한 도구가 필요했어. 원하는 곳에 날을 세우기 위해 숫돌에 갈아서 간석기를 만들었지. '신석기 시대'가 시작된 거야. 강가에는 저절로 자라는 풀이 많아. 그중에 먹을 수 있는 곡식을 찾아 낟알을 따서 돌판에 갈아 겉껍질을 벗기고 가루를 내어 반죽을 해 구워 먹자. 곡식을 담아 둘 그릇이 필요한데 흙으로 만들어 구워 보자.

너도 알고 있니? 낟알을 먹지 않고 땅에 심으면 싹이 나고 자라서 다시 많은 곡식 알갱이가 맺혀. 잘만 하면 곡식을 계속 먹을 수 있단다. 과일이 열리는 나무도 기를 수 있고 땅속에 주렁주렁 달리는 감자도 키울 수 있다니 먹거리를 찾아 이리저리 돌아다니지 않아도 되겠는걸. 아! 잡아 온 동물들도 울타리 안에 넣어서 길들이자. 잡으러 다니지 않아도 고기와 알을 먹을 수 있겠어.

흙에는 풀과 나무가 자라지. 농사를 지으려면 풀을 뽑고 나무뿌리를 없애서 흙을 부드럽게 만든 후에 씨앗을 뿌려야 해. 농사지을 땅을 만드는 건 힘든 일이었단다. 쓰임새에 맞는 여러 가지 간석기를 만들어 사용했어. 곡식은 천천히 자라기 때문에 열매를 맺을 때까지 먹을 것이 필요해. 그러니까 곡식을 걷었다고 한꺼번에 다 먹어 버리면 안 돼. 잘 쌓아 두고 조금씩 조금씩 먹어야 해. 누가 가져가면 어쩌지? 짐승들이 밭을 다 파헤쳐 버리면 어쩌나? 밭 옆에 집을 짓고 곡식 창고를 만들자. 담장을 두르고 망루도 세우자. 함께 모여 사는 마을을 만들자.

살아가는 모습은 조금씩 달랐지만 농사를 짓고 가축을 기르면서 이제 인간은 스스로 식량을 생산하기 시작했어. 집도 짓고 인구도 크게 늘어났지. 이렇게 삶의 방식에 커다란 변화가 생긴 것을 '신석기 혁명'이라고 해.

읽은 내용 확인하기

1 글을 읽으면서 빈 칸에 알맞은 말을 쓰세요.

> 인간은 스스로 식량을 생산하기 시작했어. 집도 짓고 인구도 크게 늘어났지. 이렇게 삶의 방식에 커다란 변화가 생긴 것을 (　　　　)이라고 해.

2 다음 설명에 맞는 신석기 시대 도구를 찾아 줄로 이어 보세요.

- 날카롭고 정교한 도구가 필요해서 날을 세우기 위해 숫돌에 갈아서 만들었다. • → • 흙으로 만든 그릇
- 곡식을 담아 둘 도구가 필요한데 흙으로 만들어 구워 보자. • → • 간석기

3 신석기 시대에 대한 설명이 맞으면 ○, 틀리면 × 하세요.

① 돌을 갈아서 간석기를 만들고 작고 날쌘 동물을 잡아서 먹었다. (　)
② 잡아 온 동물을 울타리 안에 넣어서 길들이고 키웠다. (　)
③ 농사를 짓기 시작했다. (　)
④ 추위를 피하기 위해 동굴 속에서 무리 지어 살았다. (　)

4 신석기 시대 사람들이 살던 마을에 있었던 것을 찾아 ○ 하세요.

> 집　　곡식 창고　　뗀석기　　간석기　　그릇　　망루　　조가비 팔찌

4 선사 시대, 인류의 생활

　인류가 맨 처음 나타난 곳은 아프리카야. 지금까지 찾아낸 인류의 뼈 중에서 가장 오래된 것들이 아프리카에서 나왔거든. 에티오피아에서는 약 390만 년 전에 살았던 인류의 뼈가 발견되었는데, '오스트랄로피테쿠스 아파렌시스'의 화석이야. '루시'라고 부르기도 해. 탄자니아의 라에톨리 지역에서는 이들의 발자국이 발견되기도 했어. 가까운 곳에서 화산이 폭발하는 바람에 지워지지 않고 고스란히 남아 있게 된 거야. 이런 뼈와 발자국을 통해 오스트랄로피테쿠스 아파렌시스가 곧게 서서 걸었다는 것을 알 수 있어.

　구석기 시대 사람들은 자기가 살던 동굴 벽에 그림을 그리기도 했어. 동굴 벽화는 세계 여러 곳에서 발견되었는데, 그중 라스코 동굴 벽화가 유명해. 이 마을에 사는 어린이들이 동굴 안에 들어갔다가 그림을 찾아냈다고 해. 들소와 말, 사슴 같은 동물들이 많이 그려져 있어. 아마도 그림을 그리면서 사냥에 성공하기를 빌었던 것 같아.

　신석기 시대 사람들은 어떤 집에서 살았을까? 터키 차탈회위크에서 1만 년 전에 사람들이 살던 마을이 발견되었어. 진흙으로 집을 지었는데 집들이 모두 붙어 있었대. 지붕을 넘어가면 옆집에 갈 수 있었겠지. 집 안으로 들어가는 문은 지붕에 나 있어서 사다리를 타고 내려가야 했어. 차탈회위크에는 7000명이 넘는 사람들이 살았는데, 집의 크기가 다 비슷했어. 더 잘 사는 사람이나 못 사는 사람은 없었던 것 같아.

차탈회위크 유적 상상 복원도

읽은 내용 확인하기

1 글을 읽으면서 빈 칸에 알맞은 말을 쓰세요.

> 인류가 맨 처음 나타난 곳은 (　　　　　)야. 지금까지 찾아낸 인류의 뼈 중에서 가장 오래된 것들이 (　　　　　)에서 나왔거든. 에티오피아에서는 약 390만 년 전에 살았던 인류의 뼈가 발견되었는데, (　　　　　)의 화석 이야. (　　　　　)라고 부르기도 해.

2 오스트랄로피테쿠스 아파렌시스가 원숭이가 아닌 사람이라고 생각할 수 있는 이유를 찾아 쓰세요.

_____

3 구석기 시대 사람들이 동굴 벽에 많이 그린 것은 무엇인지 쓰고, 그린 이유에 대해서도 찾아 쓰세요.

_____

4 터키 차탈회위크에서 발견된 1만 년 전 마을 모습의 설명에 대해 맞으면 ○, 틀리면 × 하세요.

① 나무로 집을 지었다. (　　)
② 집으로 들어가는 문이 지붕에 나 있었다. (　　)
③ 집의 크기가 다 비슷했다. (　　)
④ 더 잘 사는 사람이나 못 사는 사람이 없었다. (　　)

다른 그림 찾기

두 그림에서 다른 곳 5곳을 찾아 아래의 그림에 ○ 하세요.

사다리 게임

모서리를 만나면 꺾어지세요.

 다음 낱말과 낱말에 대한 설명이 맞는지 사다리를 타 보세요.

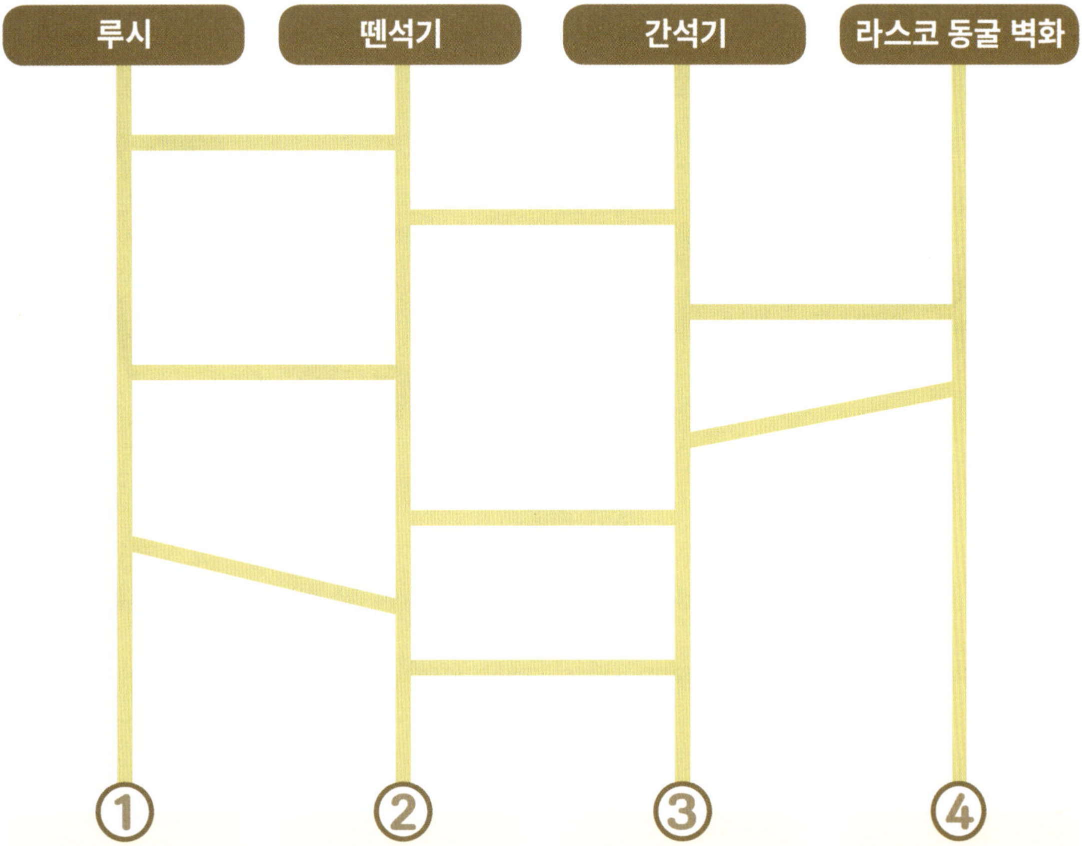

| 루시 | 뗀석기 | 간석기 | 라스코 동굴 벽화 |

① 아프리카 에티오피아에서 약 390만 년 전에 살았던 인류의 뼈를 가리킨다.
탄자니아의 라에톨리 지역에서는 이들의 발자국이 발견되기도 했다.

② 돌을 깨서 만든 도구로 구석기 시대 사람들이 사용했다.
주로 사냥한 짐승의 가죽을 벗겨 내는 데 사용했다.

③ 돌을 갈아서 만든 도구로 신석기 시대 사람들이 사용했다.
작고 날쌘 동물을 잡는 데 사용했으며, 숫돌에 갈아서 만들었다.

④ 구석기 시대 사람들이 그린 동굴 벽화로 프랑스에 있다.
어린이들이 찾아냈다고 하며, 들소와 말, 사슴 같은 동물들이 많이 그려져 있다.

글쓰기

 신석기 시대 어린이가 되어 자기 마을을 설명하는 글을 써 보세요.

우리 마을을 소개합니다!

정답

3쪽

1 (순서대로) 대폭발, 대폭발, 팽창

2 (순서대로) 태양, 태양, 지구

3 불덩어리, 단단해진 땅, 푸른 바다, 나무로 뒤덮인 숲

4 ① X, ② O, ③ O, ④ X, ⑤ O

5쪽

1 (순서대로) 뗀석기, 구석기 시대

2 언어

3 ① X, ② O, ③ O, ④ O

4

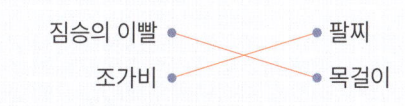

6쪽

9쪽

1 신석기 혁명

2

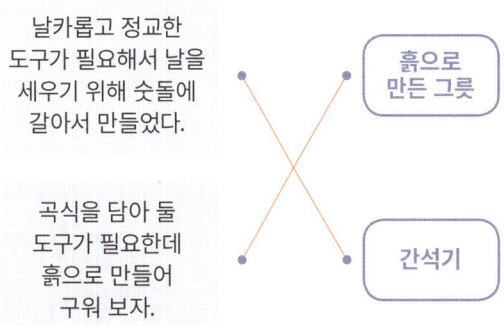

3 ① O, ② O, ③ O, ④ X

4 집, 곡식 창고, 간석기, 그릇, 망루

11쪽

1 (순서대로) 아프리카, 아프리카, 오스트랄로피테쿠스 아파렌시스, 루시

2 오스트랄로피테쿠스 아파렌시스가 남긴 뼈와 발자국은 두 발로 서서 걸었다는 것을 보여 준다.

3 그린 것 : 들소, 말, 사슴 같은 동물
이유 : 사냥에 성공하기를 바랐기 때문이다.

4 ① X, ② O, ③ O, ④ O

12쪽

13쪽

루시 - ①, 뗀석기 - ②, 간석기 - ③,
라스코 동굴 벽화 - ④

글 박선희

연세대학교 사학과를 졸업하고, 중학교 남자아이들에게 둘러싸여 복닥대며 살고 있습니다. 아이들이 세계의 역사를 배우면서 이 넓은 세상에 호기심을 가지면 좋겠습니다. 나와 다른 방식으로 살고 있는 사람들을 이해하고, 그들과 어울려 평화롭게 살아가기를 바랍니다. 함께 쓴 책으로 《제대로 한국사》, 《개념 잡는 초등 세계사 사전》 이 있습니다.

글 이성호

연세대학교 사학과를 졸업하고, 꽤 오랫동안 중학교에서 역사를 가르치고 있습니다. 삶이 단순하지 않은 만큼 역사도 쉽지 않은 것이 당연하지만, 그래서 더 재미가 있다고 생각합니다. 그 재미를 어린이들과 나누는 일에 관심이 많습니다. 전국역사교사모임 회장을 지냈으며, 함께 쓴 책으로 《살아있는 세계사 교과서》, 《나의 첫 세계사 여행》, 《초등학생을 위한 맨처음 세계사》 등이 있습니다.

그림 원유미

서울에서 태어나 서울대학교에서 산업디자인을 공부했습니다. 광고대행사 오리콤, 코레드의 아트디렉터를 맡았으며, 지금은 프리랜서 일러스트레이터와 아트디렉터로 활동하고 있습니다. 그린 책으로 《열두 살에 부자가 된 키라》 시리즈, 《모두의 눈 속에 내가 있어요》, 《비밀 역사 탐정단 Z》 시리즈, 《지금도 괜찮아》, 《쏘 핫 다이어트 캠프》 등이 있습니다.

알록달록 첫 세계사 1 동굴에서 들판으로 **인류의 첫걸음**

1판 1쇄 펴낸날 2022년 7월 20일
글 박선희·이성호 | **그림** 원유미 | **펴낸이** 김상원 | **편집인** 정미영 | **표지디자인** 디자인·소년 | **본문디자인** 신혜영
펴낸곳 상상정원 | **출판등록** 제2020-000141호 | **주소** (05691) 서울시 송파구 삼학사로 6길 33(석촌동)
전화 070-7793-0687 | **팩스** 02-422-0687 | **전자우편** ss-garden@naver.com

글 ⓒ 박선희·이성호, 2022   그림 ⓒ 원유미, 2022
ISBN 979-11-974703-5-6 74900
ISBN 979-11-974703-4-9 (세트)

- 이 책은 저작권법에 따라 보호받는 저작물이므로, 저작권자와 상상정원의 허락 없이는 이 책의 내용을 쓸 수 없습니다.
- 사용연령 6세 이상 종이에 베이거나 긁히지 않도록 조심하세요. 책 모서리가 날카로우니 던지거나 떨어뜨리지 마세요.